Name.

_____

Self-Kindness

Note

칭찬합니다	알아차림
노력	뜻깊다
행복해	참 잘했어요
솔직함	경청
사랑스러워	가치 추구
진짜 신나!	실천
체력	자기 돌봄
센스쟁이	쉼
성실함	더할 나위 없다
이만하면 훌륭해	특별해
신뢰	이거면 충분해
믿음직해	귀여움
멋져	천재 아님?
받아들임	변화
포기	고마워
신념	용서
최선을 다했어	무척 기뻐
용기	흡족하다
사려 깊음	만족스러워

괜찮아	인내심
다정함	자랑스럽다
성장했어	여유로움
의지	유의미하다
놀라워	유머
좋아라	장하다
뿌듯하다	이타심
수고했어	존재 그 자체
영향력	정의
호기심	애썼어
표현	보람찼어
저항	좋은 경험이었어
세심함	공동체 의식
재밌었다	도전
최고야	사랑
적극적	대단해
목표 의식	파이팅
지혜	용감했어
할 수 있다	너무 기특해

ⓘ00 Day Challenges

START on. _____

1	2	3	4	5
6	7	8	9	10
11	12	13	14	15
16	17	18	19	20
21	22	23	24	25
26	27	28	29	30
31	32	33	34	35
36	37	38	39	40
41	42	43	44	45
46	47	48	49	50

END on. _____

51	52	53	54	55
56	57	58	59	60
61	62	63	64	65
66	67	68	69	70
71	72	73	74	75
76	77	78	79	80
81	82	83	84	85
86	87	88	89	90
91	92	93	94	95
96	97	98	99	100

Self-Promise

칭찬일기를 쓰기로 한 이유가
무엇인가요?

칭찬일기를 쓰기 전,
현재의 나는 어떤 사람인가요?

100일 후 나에게
어떤 변화가 일어나길 기대하나요?

100일 칭찬일기를 시작하는 나에게
응원 한마디를 남겨주세요.

Self-Compliment

Date. _____ Day (1)

Date. _____ Day (2)

Date. Day 3

Date. Day 4

Date. _____   Day (5)

Date. _____   Day (6)

Date.

Day 7

Weekly Point.

1st Week

Memo.

앞으로의 하루하루를 어떻게 기억할지 나 스스로 결정할 수 있다면, 나는 매일을 소중히 여기며 즐겁게 사는 사람이고 싶다.

Date. _____ Day (8)

Date. _____ Day (9)

Date. Day (10)

Date. Day (11)

Date. _____   Day (12)

Date. _____   Day (13)

Date.

Day (14)

Weekly Point.

2nd Week

Memo.

칭찬일기는 자기 돌봄을 목적으로 하는 일간 회고의 성격을 띤다. '사실', '잘한 점과 아쉬운 점', '계획', 크게 세 단계로 이루어지는 업무 회고를 참고하되 '잘한 점'을 크게 칭찬하며 나를 돌본다. 방법은 아주 쉽다. 하루를 돌아보며 칭찬거리를 찾아내고, 칭찬의 말을 담은 문장을 쓴다.

Date.

Day 15

Date.

Day 16

Date. _____ Day 17

Date. _____ Day 18

Date. _____ Day (19)

Date. _____ Day (20)

Date.

Day (21)

Weekly Point.

3rd Week

Memo.

칭찬일기를
쓴다고 하면
사람들은
'잘한 점'만
칭찬할 거라고
생각하는데,
그렇지 않다.
칭찬일기가 진짜
빛을 발하는
순간은 '아쉬운
점'을 외면하지
않을 때다.

Date. _____ Day (22)

Date. _____ Day (23)

Date. Day 24

Date. Day 25

Date.

Day 26

Date.

Day 27

Self-Kindness Note

How to Write

스스로에게 친절해지는 연습

#100일칭찬일기

친애하는 자방 주인 여러분, 반갑습니다 ☺

《Self-Kindness Note》는
스스로에게 친절해지는 연습을 하는 100일 칭찬일기입니다.

100일 동안 매일 칭찬일기를 쓰고,
한 주의 마지막 날 주간 칭찬일기를 씁니다.
세 번의 월간 회고로 자신을 돌보며 앞날을 정겸하고,
100일 뒤에는 그동안 자신에게 일어난 변화를 살펴볼 거예요.

셀프 칭찬에 정답은 없습니다. 도움말을 참고하되
가급적이면 자신의 방식대로 자유롭게 일기를 써주시면
좋겠어요. 그러다 어느날 SNS에 일기를 올린다면
'#100일칭찬일기' 해시태그를 남겨주실 수 있을까요?
공개한 일기가 서로에게 레퍼런스가 될지도 모르니까요.

오쪼록 가벼운 마음으로 시작해주시기를,
무리하지 않고 즐기면서 지속해주시기를 바랍니다.
오늘부터 스스로를 칭찬하기로 한 자신을
마음껏 칭찬해주세요!

김 키 이 드림.

Date.

Day (28)

Weekly Point.

4th Week

Memo.

●

아쉬운 점을
돌아볼 때는
부정적인 감정으로
하루를 끝내지
않는 게 중요하다.
아쉬운 점이
하루의 '최고점'을
차지한 건 이미
벌어진 일이라
손쓸 수 없지만,
'최근점'을
어떤 감정으로
마무리할지는 내가
선택할 수 있다.

Date. _____ Day (29)

Date. _____ Day (30)

Date. Day 31

Date. Day 32

Date. Day 33

Date. Day 34

Date.

Day 35

Weekly Point.

5th Week

Memo.

●

칭찬일기를
쓰면서 나는
오늘 당장
어떤 성과라도
내기 위해
무리하기보다는
건강하게 오래
지속하는 법을
익히는 게
진정한 의미의
성취라는 걸,
나도 모르는 새
깨닫고 있었다.

Date.   Day 36

Date.   Day 37

Date. _____ Day (38)

Date. _____ Day (39)

Date. _____   Day (40)

Date. _____   Day (41)

Date.

Day (42)

Weekly Point.

6th Week

Memo.

●

힘들면 힘들다고
떼쓰고 슬프면 그냥
엉엉 울어버리는
사람이 되려고 한다.
그러고 나서 내
감정에 솔직했던 걸
칭찬한다. 때때로
그마저도 칭찬하기
어려운 날은 그저
가만히 내 감정을
바라본다.
그날 못 한 칭찬은
미래의 어느 날 하게
될 테니 괜찮다.

Date. _____ Day (43)

Date. _____ Day (44)

Date. _____ Day 45

Date. _____ Day 46

Date. _____ Day (47)

Date. _____ Day (48)

Date. _____ Day (49)

Weekly Point. 7th Week

Memo.

매일 칭찬일기를 쓰는 행위를 반복하면 관성이 붙어 문제의식이 흐릿해지는 순간이 온다. 문제 원인을 객관적으로 판단하지 못하거나, 칭찬을 포장지 삼아 문제를 대충 가리고 넘어가거나, 억지 칭찬을 하며 상황을 왜곡한다. 그러니까 더 열심히 의심해야 한다. 칭찬일기를 '썼다'는 결과에만 도취되지 말고 '어떤' 칭찬일기를 썼는지 들여다봐야 한다.

Date. Day 50

Date. Day 51

Date. _____ Day (52)

Date. _____ Day (53)

Date. Day 54

Date. Day 55

Date. _____

Day (56)

Weekly Point.

8th Week

Memo.

●

성취 칭찬으로 가득한 일기장에서 나는 이상함을 감지했다. 내가 나에게 하는 칭찬인데 어째서 남에게 받은 칭찬 같은 냄새가 풍기는 걸까? 타인의 평가에 의존하면, 타인의 욕구를 나의 욕구라고 착각하기 쉽다. 칭찬일기를 쓰면서 나는 진짜 나의 욕구가 무엇인지 알고 자기 인정에 익숙해지기 위해 훈련했다.

Date. Day 57

Date. Day 58

Date. _____ Day (59)

Date. _____ Day (60)

Date. _____ Day (61)

Date. _____ Day (62)

Date.

Day 63

Weekly Point.

9th Week

Memo.

●

그 무엇도 하기 힘든 날에는 '아주 사소한 것부터 칭찬하기'가 역설적으로 가장 무거운 임무처럼 느껴진다. 그런 날 나는 아무것도 못 하는 걸 견디느라 고생한 나를 가만히 토닥인다. 가끔은 무언가를 하지 않는 것에도 아주 큰 에너지가 필요하다. 그 사소한 사실을 기억하는 나를 칭찬해주는 것만으로도 충분하다.

Date. _____ Day (64)

Date. _____ Day (65)

Date.

Day 66

Date.

Day 67

Date.

Day 68

Date.

Day 69

Date. _____ Day (70)

Weekly Point. 10th Week

Memo.

칭찬일기는 나를
돌보는 칭찬의 말로
오늘의 나를 돌아
보고 내일의 나를
기대하면서 꾸준히
다음을 점검하는
행위다. 매일 다른
다음을 설계하며
방향을 찾다가 가끔
한 번씩 지나온 날을
회고하면, 거기에서
여러 다음이
모여 만들어진
삶의 궤적을
발견할 수 있다.
그 모든 흔적에
만족하며 나는
꾸준히 나아간다.

Date. Day 71

Date. Day 72

Date. Day (73)

Date. Day (74)

Date. _____   Day (75)

Date. _____   Day (76)

Date.

Day (77)

Weekly Point.

11th Week

Memo.

셀프 칭찬이 주로 나의 긍정적인 면을 강화하는 것이라면, 취약성은 상대적으로 부정적인 면까지 받아들이며 자기 존중감을 형성한다. '나는 충분히 괜찮은 인간'이라는 걸 마음속 깊이 인정하려면 나의 뛰어난 모습은 물론 불완전한 모습까지 고루 마주해야 한다. 셀프 칭찬의 연장선에서 취약성 공유는 자기 인정의 완성이라 할 수 있다.

Date. Day 78

Date. Day 79

Date. _____ Day (80)

Date. _____ Day (81)

Date. _____ Day (82)

Date. _____ Day (83)

Date.

Day (84)

Weekly Point.

12th Week

Memo.

셀프 칭찬은 나를 향한 사랑의 표현이다. 사랑에는 사람을 변화시키는 힘이 있다. 내가 가진 다양한 면을 구석구석 사랑해주면 자기혐오를 거두고 있는 그대로의 내 모습을 아끼는 사람이 되어간다.

Date.

Day 85

Date.

Day 86

Date.

Day 87

Date.

Day 88

Date. _____ Day (89)

Date. _____ Day (90)

Date. _____ Day (91)

Weekly Point. 13th Week

Memo.

평소 아주
사소하다고
여긴 일들을
칭찬하면 알게
된다. 그 사소한
일 하나하나가
모여 이루는
일상이 얼마나
소중한지. 그래서
사소하고도
특별한 일을
일부러 하게 된다.
나에게 칭찬받기
위해 나를
움직이는 것이다.

Date. _____ Day 92

Date. _____ Day 93

Date. _____   Day (94)

Date. _____   Day (95)

Date. _____ Day (96)

Date. _____ Day (97)

Date.

Day 98

Weekly Point.

14th Week

Date.

Day 99

Date. _____ Day (100)

Self-Reflection

1st Monthly Self-Reflection

이번 달을 돌아보며 항상심 그래프를 그리고,
주별 주요 이벤트를 적어보세요.

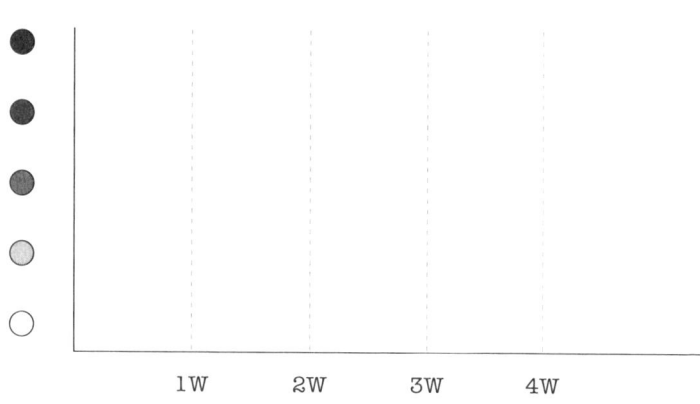

항상심 유지가 잘 되었다면,
혹은 어려웠다면 그 이유를 적어보세요.

이번 달의 인상적이었던
경험들을 기록해보세요.

1st Monthly Self-Compliment

이번 달의 경험과 생각을 돌아보며
나를 칭찬해주세요.

Self-Promise for Next Month

다음 달은 어떻게 보낼 예정인가요?
계획을 나열해보세요.

회고를 마무리하며
다음 달을 맞이하는 다짐을 적어보세요.

2nd Monthly Self-Reflection

이번 달을 돌아보며 항상심 그래프를 그리고,
주별 주요 이벤트를 적어보세요.

항상심 유지가 잘 되었다면,
혹은 어려웠다면 그 이유를 적어보세요.

이번 달의 인상적이었던
경험들을 기록해보세요.

2nd Monthly Self-Compliment

이번 달의 경험과 생각을 돌아보며
나를 칭찬해주세요.

Self-Promise for Next Month

다음 달은 어떻게 보낼 예정인가요?
계획을 나열해보세요.

회고를 마무리하며
다음 달을 맞이하는 다짐을 적어보세요.

3rd Monthly Self-Reflection

이번 달을 돌아보며 항상심 그래프를 그리고,
주별 주요 이벤트를 적어보세요.

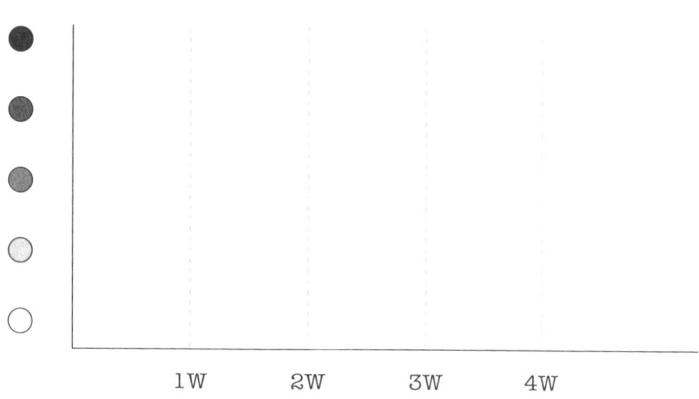

항상심 유지가 잘 되었다면,
혹은 어려웠다면 그 이유를 적어보세요.

이번 달의 인상적이었던
경험들을 기록해보세요.

3rd Monthly Self-Compliment

이번 달의 경험과 생각을 돌아보며
나를 칭찬해주세요.

Self-Promise for Next Month

다음 달은 어떻게 보낼 예정인가요?
계획을 나열해보세요.

회고를 마무리하며
다음 달을 맞이하는 다짐을 적어보세요.

Self-Discovery

Self-Discovery

100일 중에서 특별히 기억에 남는
칭찬은 무엇인가요? 그 이유도 적어보세요.

100일 동안 무엇을 자주 칭찬했나요?
많이 쓴 칭찬 표현도 적어보세요.

Give Compliment to my future self

칭찬일기를 쓰고 난 후,
지금 나는 어떤 사람인가요?

미래의 나에게 보내는
칭찬 편지를 남겨보세요.

Self-Kindness Note

1판 1쇄 발행일 2025년 6월 2일

지은이 김키미
발행인 김학원
발행처 (주)휴머니스트출판그룹
출판등록 제313-2007-000007호(2007년 1월 5일)
주소 (03991) 서울시 마포구 동교로23길 76(연남동)
전화 02-335-4422   **팩스** 02-334-3427
저자 독자 서비스 humanist@humanistbooks.com
홈페이지 www.humanistbooks.com
편집 최인성   **영어 자문** 고예림
디자인 studio gomin   **용지** 화인페이퍼   **인쇄** 삼조인쇄   **제본** 해피문화사

자기만의 방은 (주)휴머니스트출판그룹의 지식실용 브랜드입니다.

ⓒ 김키미, 2025

ISBN 979-11-7087-340-2 03810

- 이 책은 저작권법에 따라 보호를 받는 저작물이므로 무단 전재와 무단 복제를 금합니다.
- 이 책의 전부 또는 일부를 이용하려면 반드시 저자와 (주)휴머니스트출판그룹의 동의를 받아야 합니다.